clave

Brian Tracy es el presidente de Brian Tracy International, una compañía de desarrollo de recursos humanos con sede en Solana Beach, California. Tracy ha escrito más de setenta libros y desarrollado más de ochocientos programas de entrenamiento en audio y vídeo. Sus materiales se han traducido a cuarenta idiomas y se han utilizado en más de sesenta países. Ha sido consultor de más de mil empresas y es uno de los mejores conferenciantes y formadores que existen. Cada año instruye a más de doscientas cincuenta mil personas sobre temas de liderazgo, estrategia, ventas, desarrollo personal y éxito empresarial. Ha impartido más de cinco mil conferencias y seminarios a cinco millones de personas alrededor del mundo, brindando una mezcla única de humor, perspicacia, información e inspiración.

Para más información, visita la página web del autor:
www.briantracy.com

También puedes seguir a Brian Tracy en sus redes sociales:
Brian Tracy
@BrianTracy
@thebriantracy

BRIAN TRACY

Acierta

Descubre el poder del enfoque para alcanzar tus metas

Traducción de
Elena Preciado

DEBOLS!LLO

Papel certificado por el Forest Stewardship Council®

Título original: *Bull's Eye*

Primera edición: julio de 2025

Publicado por acuerdo con Simple Truths, un sello de Sourcebooks, Inc

Diseño de la cubierta: Penguin Random House Grupo Editorial
basado en el diseño original de Sourcebooks, Inc.
Imagen de la cubierta: © Phipatbig/Shutterstock

Printed in Spain – Impreso en España

ISBN: 978-84-663-7942-7
Depósito legal: B-8.833-2025

Impreso en Novoprint
Sant Andreu de la Barca (Barcelona)

P 3 7 9 4 2 7

Índice

Introducción: Darle al blanco

Vivimos en el mejor momento de toda la historia de la humanidad. A pesar de las fluctuaciones económicas a corto plazo nunca han existido *más* oportunidades para *más* personas para lograr *más* de sus objetivos que en la actualidad.

La cuestión es que tienes más potencial que el que podrías usar en cien vidas. Y mientras más potencial utilices, más potencial estará disponible para ti. Mientras más aprendas, más puedes aprender.

No hay ninguna razón por la cual no puedas ganar el doble de lo que ganas ahorita, e incluso cinco o diez veces más. Hay personas a tu alrededor que no son más talentosas que tú, ni están mejor educadas, que ya están ganando eso. Y lo que los otros han hecho tú también lo puedes hacer, si aprendes cómo.

Claridad, enfoque y concentración

Tienes la capacidad en este momento para lograr más de lo que nunca antes has logrado, siempre y cuando incorpores a tu vida las habilidades mentales esenciales: claridad, enfoque y concentración.

Debes tener absoluta claridad de quién eres y qué quieres. Debes enfocarte en tus metas y actividades más importantes. Y finalmente, debes concentrarte completamente hasta que hayas realizado tus actividades o alcanzado tus metas.

Existen tres requisitos esenciales que utilizan todas las personas exitosas a lo largo de la historia para alcanzar resultados extraordinarios y grandes logros.

Afortunadamente, cada una de estas habilidades puede ser aprendida a través de la práctica y la repetición. Tal como puedes desarrollar tus músculos físicos a través del trabajo duro y la concentración, también puedes desarrollar tus músculos mentales a través de la repetición continua.

Tu objetivo en la vida debe ser alcanzar todas las cosas maravillosas que son posibles para ti. Quieres triunfar —dar en el blanco, en el centro de la diana— en todo lo que hagas.

En los siguientes capítulos aprenderás cómo liberar tus poderes para el éxito y lograr más en los próximos meses de lo que la mayoría de las personas logra en toda su vida. Empecemos.

LOGRA MÁS
en los próximos
meses de lo que
la mayoría de las
personas logra en
toda su vida.

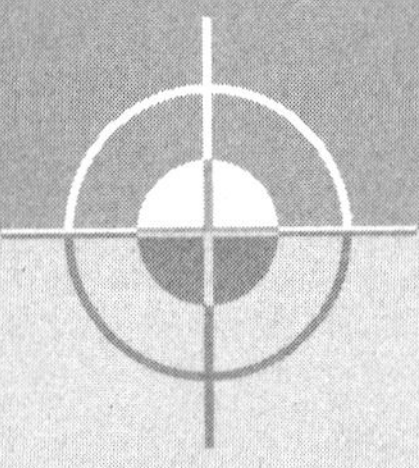

Capítulo 1

El poder de la claridad

El 13 de noviembre de 1899 un extraordinario hombre llamado Howard Hill nació en Pensilvania. Le gustaban los deportes y era excelente en beisbol y futbol. Pronto se dio cuenta de que, aunque era talentoso para esos deportes, no tenía la habilidad para sobresalir y convertirse en un jugador estrella. Así que eligió el tiro con arco, un deporte que no era tan competitivo como los otros.

El tiro con arco resultó ser el deporte perfecto para Howard Hill. A lo largo de los años ganó 196 campeonatos de tiro con arco consecutivos mientras que la mayoría de las personas hubieran estado felices de ganar uno o dos títulos. Se convirtió en el mejor arquero del mundo. Desarrolló su propio arco largo para poder disparar desde más lejos y con mayor precisión.

Con esta habilidad se convirtió en el mejor cazador con flecha y arco en la historia. En las competencias de tiro con arco todo el mundo asumía que Howard Hill ganaría el primer lugar. Los demás competidores sólo aspiraban a un segundo, tercero o cuarto lugar.

Puedes vencer al mejor

Sin embargo, a pesar de que Howard Hill era el mejor arquero del mundo, lo podrías haber vencido con un arco y una flecha con tu nivel de habilidad actual, siempre y cuando existiera una condición: que él no pudiera ver el blanco.

Imagina que Howard Hill fuera a una competencia de tiro con arco, pero hubiera una sábana o tela colgando frente al blanco para que no pudiera ver dónde está. Todo el talento y la experiencia en el mundo del tiro con arco no le servirían de nada si el blanco estuviera tapado. Zig Ziglar dijo: "El punto es que no puedes dar en un blanco que no puedes ver".

Es lo mismo que pasa contigo. Al menos que tengas claridad sobre lo que quieres —tu blanco y el centro del blanco— nunca serás capaz de ganar competencias en el gran concurso de la vida.

¿Cuál es tu objetivo?

De acuerdo con Lewis Carroll: "Si no sabes hacia dónde vas, cualquier camino te llevará ahí".

Thomas Carlyle escribió: "Una persona con un objetivo claro tendrá progreso incluso en el camino más difícil. Una persona sin propósito no tendrá progreso incluso en el camino más fácil".

Mientras más claridad tengas sobre quién eres —lo que te gusta y lo que te disgusta, lo que quieres, tus objetivos y metas—, más progreso tendrás incluso en las circunstancias más adversas.

¿Cuál es el trabajo más importante y valioso que realizas? La primera vez que escuché esta pregunta no estaba seguro de la respuesta. Luego descubrí que era *pensar.*

Pensar es el trabajo mejor pagado que realizas dado el concepto de *consecuencias*. Este concepto dice que algo es importante en la medida en que tiene serias consecuencias potenciales. Algo es irrelevante en la medida en que tiene menores o nulas consecuencias.

Determina las consecuencias

En la gestión del tiempo, una de las mejores formas para establecer prioridades es pensar sobre las posibles consecuencias de hacer o no hacer una actividad. La gente exitosa es aquella que pasa la mayor parte de su tiempo en tareas y actividades que tienen grandes consecuencias potenciales. Pueden tener un gran impacto o influir en el futuro. La gente fracasada e infeliz, por el contrario, pasa la mayor parte de su tiempo haciendo cosas de poca o ninguna consecuencia en absoluto.

De todas las cosas que puedes hacer, la calidad de tu pensamiento tiene las mayores consecuencias de todas. La calidad de tu pensamiento determina la calidad de tus elecciones y decisiones. Tus elecciones y decisiones determinan las acciones que tomas. Y las acciones que tomas determinan la calidad y cantidad de tus resultados.

En la vida y el trabajo los resultados lo son todo. En el análisis final serás juzgado por los resultados que lograste, para ti y para los demás. Y la calidad de tus resultados dependerá en gran medida de la calidad del pensamiento que preceda a las acciones que tomaste.

La ley de la probabilidad

Tu objetivo debería ser alcanzar los niveles más altos de éxito posible en cada área de tu vida que sea importante para ti. Afortunadamente, tienes gran control sobre lo que te sucede y lo que logras. Al hacer ciertas cosas de cierta forma, una y otra vez, puedes incrementar significativamente la probabilidad de disfrutar de altos ingresos y vivir una vida emocionante. Hay una probabilidad más alta de que alcanzarás tus blancos personales.

Por ejemplo, la ley de la probabilidad dice que hay una probabilidad de que todo pueda suceder y que esta probabilidad puede ser calculada con gran precisión. Uno de los más grandes descubrimientos es que tu puedes aumentar la probabilidad de tener éxito en cualquier área al hacer más de las cosas que hacen otras personas exitosas.

Darle al blanco

Imagina un juego de dardos y una diana. El blanco vale cincuenta puntos. Cada uno de los círculos externos vale diez puntos menos: cuarenta puntos, treinta puntos, veinte puntos, diez puntos y cero puntos.

Imagina un tirador de dardos que no tiene ninguna habilidad para los dardos. Está en un bar y ha tomado un par de tragos. La luz es escasa. La diana está a unos diez metros de distancia. Sin embargo, comienza a lanzar los dardos uno tras otro.

De acuerdo con la ley de la probabilidad, si continúa lanzando dardos, incluso en las peores condiciones, finalmente le atinará a alguna parte de la diana.

Esperar lo mejor

Si el tirador continúa lanzando dardos, suponiendo que no tiene límite de dardos, hora tras hora, día tras día, semana tras semana, año tras año, puede ser que con el tiempo le atine al blanco.

Muchas personas viven su vida de esa forma. Desean, esperan y sueñan con un "gran resultado". Intentan doce o cien cosas diferentes. Siguen lanzando dardos a la diana de la vida. Pero, eventualmente, la mayoría de las personas se rinden y se conforman con la mediocridad. Asumen que no son "lo suficientemente buenos" y que nunca tendrán la habilidad o capacidad para dar en el blanco del juego de la vida.

Aumenta las probabilidades

¿Qué pasaría si este mismo jugador usara una estrategia diferente? ¿Qué pasaría si se tomara en serio el dar en el blanco y ganar el juego de la vida? Contrata a un experto en el juego de dardos y toma la mejor capacitación posible para este juego. En lugar de estar distraído, cansado y haber tomado un par de tragos, está descansado y despejado mentalmente. La diana está bien iluminada y a sólo unos centímetros de distancia.

Ahora, ¿cuáles son sus probabilidades de dar en el blanco? Son mucho mejores dadas su preparación y su posición.

¿Qué pasaría si también tuviera un suministro interminable de dardos y siguiera lanzándolos, midiendo y calibrando su exactitud con cada tiro, corrigiendo su postura y su lanzamiento, y tirara dardos persistentemente?

Ganar es predecible

En estas condiciones, la posibilidad es casi del cien por ciento de que con el tiempo llegará a dar en el blanco. Y una vez que dé en el blanco, si continúa practicando y mejora su puntería, pronto será capaz de dar en el blanco una y otra vez en el gran juego de la vida.

Pasa lo mismo contigo. Puedes incrementar significativamente tus oportunidades de dar en el blanco de la vida si haces las mismas cosas que los campeones hacen en su área, una y otra vez.

La clave es la claridad. Debes desarrollar absoluta claridad sobre quién eres, lo que realmente quieres y los pasos que seguirás para lograr y llegar a donde quieres llegar.

Debes hacer todo lo posible para incrementar la probabilidad de que triunfarás en la vida. Esto nos lleva al siguiente ejercicio para dar en el blanco: metas.

“El punto es que no puedes dar en un blanco que no puedes ver.”

– Zig Ziglar

Capítulo 2

El poder del enfoque

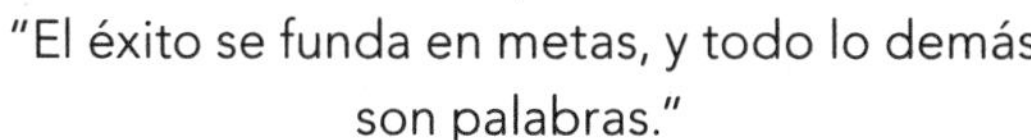

"El éxito se funda en metas, y todo lo demás son palabras."

– Lloyd Conant

Dar en el blanco de la vida requiere que sepas exactamente qué es y dónde está. Tu elección de un propósito definido e importante —la meta que más importe para ti que cualquier otra— es el punto de partida para el éxito masivo.

El proceso de definir tus metas es, al mismo tiempo, simple y poderoso, y potencialmente puede cambiar tu vida. Consiste en siete pasos:

Paso uno

Decide exactamente qué quieres. Imagina que no tienes limitantes. Imagina que tienes todo el talento y la habilidad, todo el conocimiento y la capacidad, todos los contactos y relaciones, y todo el dinero y recursos que necesitas para lograr cualquier meta que quieras en la vida.

Practica el *pensamiento sin límite*. Olvídate del pasado y de cualquier problema o limitación que has tenido. Piensa en el futuro. Tu futuro está limitado sólo por tu imaginación, y dado que tu imaginación no conoce límites, tu futuro es también ilimitado.

Sé específico

Sé específico sobre lo que quieres. Esto te distinguirá del 80 por ciento de la población que, en general, no tiene idea de lo que quiere.

Como dijo Albert Einstein: "Si no lo puedes explicar de forma sencilla, es que no lo has entendido bien".

Si les preguntas a las personas "¿Tienes metas?", por lo general dirán algo así: "¡Por supuesto que tengo metas!". Pero cuando les preguntas cuáles son sus metas, dirán cosas como éstas: "Quiero ser rico", "Quiero ser delgado", "Quiero ser feliz", "Quiero tener una casa bonita, un coche, ropa", "Quiero viajar". Pero éstas no son metas, son deseos o fantasías. Y un deseo es una meta sin energía de fondo.

La gente no establece metas

La gran tragedia es que la mayoría de las personas piensa que tiene metas cuando lo que realmente tienen son deseos. Como resultado, nunca se ponen a establecer metas específicas y claras. Es por esto que sólo logran una fracción de lo que realmente es posible para ellos.

Paso dos

Escribe tus metas. Hazlas medibles. Sólo 3 por ciento de los adultos tiene metas escritas, y estas personas, de acuerdo con estudios realizados en Yale y Harvard, eventualmente ganan diez veces más que las personas sin metas.

El simple hecho de escribir tus metas te coloca en ese 3 por ciento de la población adulta. Escribir tus metas activa la ley de la atracción y comienza a atraer a tu vida a las personas, ideas y recursos que te ayudarán a avanzar hacia tus metas y a hacer que tus metas se acerquen a ti.

Paso tres

Establece una fecha límite. Dile a tu computadora subconsciente exactamente cuándo quieres alcanzar esa meta. Tu mente subconsciente ama las fechas límite, "sistemas obligados", que le permiten trabajar veinticuatro horas al día para lograr tu meta.

Si es una meta importante, establece fechas límite más cercanas. Si es una meta de un año, divídela en metas de un mes, e incluso en metas de una semana.

¿Qué sucede si no alcanzas tu meta al llegar a la fecha límite? Simplemente establece otra fecha límite, y otra y otra, de ser necesario. Recuerda que no hay metas imposibles, sólo fechas límite imposibles.

Algunas veces lograrás tu meta antes de lo esperado, otras veces será después. Lo importante es tener un objetivo y una línea de tiempo a seguir.

Paso cuatro

Crea una lista. Escribe todo lo que debes hacer para lograr tu meta. Identifica el conocimiento adicional y las habilidades que requerirás. Identifica los obstáculos que tendrás que enfrentar. Identifica a las personas que te ayudarán.

Esta parte del proceso es muy importante. Cuando estableces una gran meta —por ejemplo, duplicar tu ingreso o lograr independencia financiera— puede parecer tan abrumador al principio que te puedes desmotivar incluso antes de empezar.

Pero cuando escribes una lista de todas las tareas y actividades individuales que debes realizar para lograr tu meta, ésta comienza a parecer más realista y alcanzable. Tu pensamiento se vuelve así: "Quizá no pueda lograr esta meta por completo, pero puedo hacer esto en particular, y luego esto otro".

Henry Ford dijo: "Nada es particularmente difícil si lo divides en trabajos pequeños".

Continúa agregando ideas y actividades a tu lista hasta que esté completa.

Paso cinco

Organiza la lista en un plan. Tal como planearías un proyecto, organiza tu lista por secuencia y prioridad.

Tu *secuencia* de actividades se refiere a lo que haces en primer lugar, lo que haces en segundo lugar y lo que haces en tercer lugar para alcanzar tu meta. Crea una lista de comprobación para trabajar con ella. Organiza cada actividad, desde la primera hasta la última, tal como lo harías con cualquier proyecto importante. Al utilizar una lista de comprobación para alcanzar tu meta incrementas tus posibilidades de tener éxito en un 10 por ciento o más.

Organiza tu lista por prioridades. Utiliza la regla 80/20, que dice que 20 por ciento de las cosas en tu lista equivalen a 80 por ciento del valor de los resultados que alcances.

Una vez que tengas una lista de las actividades organizada por secuencia y prioridad, tendrás un plan que podrás usar para lograr casi cualquier meta que te propongas. Una persona con una meta y un plan es como un arquero o un lanzador de dardos con todo lo que necesita para pararse en la línea y dar en el blanco.

Paso seis

Comienza con tu lista de actividades. Haz algo, lo que sea. Como dijo Einstein: "Nada sucede hasta que algo se mueve".

Nada sucede hasta que te mueves. Da el primer paso. La clave para el éxito siempre ha sido tener valor, superar la inercia que la mayoría de las personas tiene, y simplemente dar el primer paso.

Ponte en acción

Cuando das el primer paso en el camino hacia tu meta, tres cosas maravillosas suceden simultáneamente. Primero, de inmediato recibes la retroalimentación que te permite corregir el rumbo, asegurándote que te mueves lo más rápido posible hacia tu meta.

Segundo, cuando das el primer paso, inmediatamente obtienes más ideas para las acciones adicionales que puedes tomar para avanzar más rápido.

Tercero, cuando das el primer paso, tu autoconfianza aumenta de inmediato. Te sientes más positivo y poderoso. Tu autoestima y respeto personal se elevan. Te sientes más fuerte y capaz de alcanzar más y más metas.

Siempre puedes ver el primer paso

Una vez que has establecido una meta, siempre puedes ver el primer paso. Y cuando tienes el valor de dar el primer paso, aparecerá el segundo paso. Cuando des el segundo paso, aparecerá el tercer paso. Puedes alcanzar la meta más grande de tu vida si das un paso a la vez. Y siempre se puede ver el siguiente paso.

Paso siete

Haz algo todos los días que te acerque a tu meta más importante. Cuando realizas una acción cada día que te acerca a tu meta, no importa qué tan pequeña sea, eventualmente desarrollas lo que se conoce como el principio del impulso del éxito.

Comienzas a moverte cada vez más rápido hacia tu meta, y tu meta comienza a moverse más rápido hacia ti. Quizá los dos principios más poderosos para el éxito son: *primero, comienza,* y *segundo, continúa.*

Elige tu objetivo principal

Practica el *método de las diez metas*. Toma una hoja en blanco y escribe la palabra *Metas* hasta arriba, junto con la fecha del día. Luego, anota diez metas que quisieras alcanzar en los siguientes doce meses aproximadamente.

La fórmula de las tres *P*

Por el resto de tu vida, cuando escribas tus metas, siempre utiliza las tres *P*. Al parecer la mente subconsciente sólo responde a los comandos que se expresan de cierta manera. Deben ser *personales, positivos* y en tiempo *presente*, como si ya hubieras alcanzado tu objetivo.

Personal se refiere a que utilizas *Yo* más un verbo para cada meta. Por ejemplo, dices: "Yo gano…", "Yo manejo…", o "Yo logro…"

Escritos de manera *positiva*. En lugar de decir: "Voy a dejar de fumar", dices: "Yo soy una persona sana".

Y escríbelo en tiempo *presente*. Anota tu meta como si el tiempo hubiera pasado y ya la hubieras alcanzado. La estás describiendo como si fuera una realidad actual.

Duplica tu ingreso

Si tu meta es duplicar tu ingreso, selecciona la cantidad que sea el doble de tu ingreso y escribe la meta así: "Yo gano esta cantidad de dinero cada año".

Establece una fecha límite para cada afirmación. Por ejemplo, dirás: "Yo gano $XX,XXX a fin de año".

Cada vez que escribas tu meta de manera *personal*, *positiva* y *presente*, de inmediato se transfiere a tu mente subconsciente, la cual se pone a trabajar veinticuatro horas al día para ayudarte a alcanzar la meta. Muchas personas han transformado su vida en un breve lapso de tiempo simplemente poniéndose a escribir una serie de metas utilizando este proceso.

Tu máximo objetivo principal

Una vez que has escrito diez metas que te gustaría alcanzar en los siguientes doce meses, estás listo para el siguiente paso.

Imagina que tienes una *varita mágica*. Imagina también que puedes alcanzar todas las metas que has escrito tarde o temprano, si realmente las quieres y si estás dispuesto a trabajar por ellas. Pero podrías agitar esta varita mágica sobre la hoja y lograr cualquier meta dentro de veinticuatro horas.

Ésta es la pregunta: si pudieras alcanzar cualquier meta en veinticuatro horas, ¿cuál tendría el mayor impacto positivo en tu vida hoy?

Cualquiera que sea tu respuesta, se convierte en tu *máximo objetivo principal*. Se convierte en tu objetivo más importante y número uno alrededor del cual diseñarás toda tu vida.

Puedes tener varias metas, en diferentes áreas de tu vida, pero siempre debes tener una que sea más importante que ninguna otra.

Alcanzando tu meta más grande

Después toma una hoja en blanco. Escribe tu meta hasta arriba en lenguaje *personal*, *positivo* y *presente* y agrega una fecha límite.

Por ejemplo, podrías escribir: "Yo ganaré $100,000 a fin de año".

Luego haz una lista de todo lo que se te ocurra que podrías hacer para alcanzar esa meta. ¿Qué temas debes aprender? ¿Qué problemas debes enfrentar? ¿De quién necesitarás ayuda y cooperación? Y especialmente, ¿qué acciones debes tomar cada día para alcanzar esa meta?

Toma medidas inmediatas en tu meta. Darás el primer paso al realizar por lo menos una cosa de tu lista.

A partir de este día haces algo diario que te acerque un paso más a tu máximo objetivo principal.

Te comparto un descubrimiento notable: a medida que comienzas a trabajar cada día hacia tu máximo objetivo principal, comienzas a progresar en muchos otros objetivos. Al enfocarte en un solo objetivo comienzas a alcanzar muchos otros al mismo tiempo.

Este proceso de escribir diez metas, elegir una como la más importante, realizar un plan para alcanzarla, y luego hacer algo cada día, cambiará tu vida y prácticamente te asegura que darás en el blanco, incluso antes de lo que creías posible.

Comienza de
inmediato
a trabajar en
tu meta.
Da el primer
paso haciendo
por lo menos una
cosa de tu lista.

METAS

____

____

____

____

____

Capítulo 3

El poder del propósito

La necesidad más profunda de la naturaleza humana es tener un sentido de significado y propósito en la vida. Como escribió Mark Twain: "Los dos días más importantes de tu vida son el día que naciste y el día que descubres el porqué".

Viniste al mundo a hacer algo maravilloso con tu vida. ¿Qué es? Wayne Dyer escribió: "Cada niño viene al mundo con órdenes secretas". ¿Cuál será la tuya?

Cada persona tiene un rol especial —una misión por cumplir, una razón de vivir—. Espiritualmente hablando, no hay partes adicionales en los bloques de construcción humanos de la vida. Toda persona está diseñada para encajar en alguna parte, haciendo algo, para alguien, de alguna manera.

Abraham Maslow, el psicólogo innovador, concluyó que las personas tienen dos tipos de necesidades: *necesidades deficitarias* y *necesidades de desarrollo del ser.*

Las *necesidades deficitarias* se definían como aquellos miedos, dudas, preocupaciones y conflictos no resueltos que servían como frenos en el potencial individual y retenían a la gente la mayor parte de su vida. Su conclusión fue que 98 por ciento de la población no alcanzaba su pleno potencial debido a uno o más de estos obstáculos mentales.

Las *necesidades de desarrollo del ser* se definían como las cualidades de las personas autorrealizadoras, personas que se sentían maravillosas por sí mismas y que se dedicaban a convertirse más y más en todo lo que podían ser.

La conclusión de Maslow, y su gran aportación a la psicología, fue que conforme te liberas de tus necesidades deficitarias, te liberas también para satisfacer tus necesidades de desarrollo del ser. Como dijo Walt Whitman: "Mantén tu cara siempre hacia el sol, y las sombras caerán detrás de ti".

Define tu misión

Para desbloquear todo tu potencial y convertirte en todo lo que eres capaz de ser, necesitas un propósito más grande para tu vida. Requieres de los cinco grandes: *valores, visión, propósito, misión* y *metas.*

Los cinco grandes

Necesitas *valores*, esos principios organizadores y virtudes que son más importantes para ti, y que no comprometerías bajo ninguna circunstancia. Las personas excepcionales tienen muy claros sus valores y cómo los ejercen en la vida diaria. Tus valores, y el grado en el que te mantengas fiel a ellos, desde la esencia de tu carácter.

Requieres *visión*, una imagen clara y emocionante de tu vida futura como si fuera ideal y perfecta en todo sentido. Cuanto más clara sea la visión de ti mismo, más motivado estarás para volverla realidad, y más rápido atraerás esa visión a tu vida.

Tu *propósito* y *misión* son las extensiones naturales de tus valores y tu visión.

Tus *metas* son los objetivos que quieres alcanzar, combinados con los planes paso a paso para definir las actividades que necesitas realizar cada día para convertir tus valores, visión, propósito y misión en tu realidad.

¿Cuál es tu misión de vida?

La mayoría de las empresas invierte mucho tiempo en definir su misión —por qué existe la empresa y cómo pretende servir a sus clientes y a su comunidad—.

Una misión corporativa requiere de tres partes: la misión en sí misma, un método para lograrla y una medida para determinar qué tan exitosa es la empresa par cumplir con su misión.

Muchas compañías e individuos tienen misiones que son vagas, poco claras y no indican un camino o dirección sobre qué hacer o no hacer en el día a día. Por ejemplo, de acuerdo con Steve Jobs, la misión de Apple era: "Hacer una muesca en el universo". ¿Qué significa esto?

Una buena misión

Una buena misión empresarial podría ser algo así: "Nuestra misión es brindar a nuestros clientes el mejor producto posible. Nuestro método es alcanzar la excelencia del producto y mejorar continuamente en todas las áreas. Nuestra manera de medir el éxito es que crezcamos 25 por ciento cada año en ventas y rentabilidad con base en la satisfacción del cliente y las ventas de repetición".

Con una misión como ésta, todos en la empresa tendrán claridad sobre su trabajo y los objetivos que la compañía quiere alcanzar. Todos tendrán claros sus roles y responsabilidades y pronto sabrán si están ayudando a la empresa a alcanzar su misión.

Una misión es algo que puede *lograrse*. Realmente puedes alcanzar la misión y luego cerrar e irte a casa. Y un niño de seis años debe ser capaz de decirte cuál es tu misión y qué tan cerca estás de lograrla.

Necesitas una misión personal

Mi misión personal no ha cambiado durante más de treinta años: "Mi misión es ayudar a las personas a alcanzar sus metas mucho más rápido que si lo hicieran sin mi ayuda".

Esta misión abiertamente incómoda ha guiado y dirigido el desarrollo, producción y mercadotecnia de todos mis seminarios, talleres, libros, audios y programas de aprendizaje en línea durante toda mi carrera. Mido la calidad y efectividad de cada herramienta de aprendizaje y experiencia que produzco por medio del número de personas que la usaron para mejorar su vida o su trabajo.

Tú también puedes tener una misión personal para ti, tu familia, tu comunidad, y puedes tener una misión de carrera o negocio para tu profesión.

Stephen Covey escribió sobre la importancia de tener una misión *familiar*, una misión discutida y acordada por todos los miembros de la familia como la base de su vida juntos.

Tu misión de carrera

Tu misión de carrera y de negocios puede ser: "Doy un excelente servicio a mis clientes que enriquece y mejora su vida y su trabajo. Mi método para alcanzar este objetivo es entender las necesidades de mis clientes y practicar una mejora continua y sin fin. Mi forma de medición es que mis clientes y ganancias personales se incrementen 20 por ciento o más cada año".

¿Cuál es tu misión? ¿Cuál es tu misión para cada área de tu vida? Mientras más claridad tengas sobre tu misión —la razón por la cual estás en el mundo—, más fácil será para ti dar en el blanco de la vida y medir tu éxito.

Haz las preguntas correctas

Para determinar tu misión para los próximos meses y años, responde las siguientes preguntas:

1. Imagina que tienes todo el dinero que puedes gastar, pero como condición para tener todo

ese dinero, tendrás que ser activo y totalmente comprometido en alguna ocupación. ¿Qué elegirías hacer?

2. ¿Qué te encanta hacer? ¿Qué elegirías hacer como trabajo, o con tu vida, si fueras económicamente independiente hoy?
3. ¿En qué crees realmente? ¿Cuáles son tus valores y convicciones más profundas? ¿Qué es tan importante para ti que quisieras que otros compartieran tu pasión, conocimiento y compromiso?
4. ¿Quién te importa realmente? ¿A qué personas específicas quieres ayudar de alguna manera, más que a nadie? ¿Qué diferencia quieres hacer en el mundo, si pudieras hacer alguna diferencia?
5. ¿Para qué quieres ser famoso? ¿Cómo quieres ser conocido? ¿Qué tipo de reputación quieres desarrollar? ¿Qué quieres que la gente diga de ti cuando no estás allí? ¿Cómo quieres ser recordado? ¿Qué quieres que la gente diga en tu obituario o en tu funeral?
6. Dale Carnegie escribió: "El deseo por un sentimiento de importancia es una de las principales diferencias que distinguen a los humanos de los animales". ¿Qué te brinda tu mayor sentimiento de importancia y valor personal?

El trabajo más importante que realizas en la vida es *pensar*. Quizá no hay ninguna área donde pensar sea más importante para tu felicidad y éxito a largo plazo que en la determinación de tu misión en cada uno de los aspectos fundamentales de tu vida.

Escribe tu misión

Tómate tiempo para escribir tu misión. Éste es tu verdadero "blanco" en la vida. Es lo que quieres lograr más que cualquier otra cosa. Es la diferencia que quieres hacer en la vida de los demás.

A continuación hay un modelo simple de misión que puedes usar:

Mi misión es: ______________________________

Define qué diferencia quieres hacer en la vida de los demás.

Mi método para lograr mi misión es: __________

____

Escribe las actividades que realizarás.

La manera en que mediré mi éxito en el cumplimiento de mi misión es: ______________

____

Determina el resultado que podría ser la mejor medida individual de tu éxito en el cumplimiento de tu misión?

Servicio a los demás

Estás diseñado de una manera especial por el Creador para sentirte realmente bien acerca de ti mismo sólo cuando estás sirviendo a otras personas de alguna manera. Tu nivel de autoestima y valor personal —qué tanto te quieres— se determina en gran medida por hacer una mayor contribución a la vida de los demás, que lo que sea que estés pensando. Es por eso que en la Biblia dice: "Es más bendecido dar que recibir".

Tus recompensas siempre estarán determinadas por tu servicio. Si quieres incrementar la calidad y cantidad de las recompensas, debes incrementar la calidad y cantidad del servicio que prestas a los demás. Quizá una de las preguntas más importantes en los negocios y en la vida, es: "¿Qué puedo hacer hoy para aumentar el valor de mi servicio a otros?".

Wayne Dyer escribió:

"Cada niño viene al mundo con órdenes secretas".

¿CUÁL SERÁ LA TUYA?

MI MISIÓN:

____

____

____

____

____

Capítulo 4

El poder de la concentración

Sólo darás en tu blanco personal cuando tengas claridad, cuando te enfoques en tus metas más importantes y cuando te concentres en una cosa a la vez.

Las disciplinas de enfoque y concentración se pueden aprender y deben ser aprendidas a través de la práctica, una y otra vez, hasta que se fijen como hábitos para la toda la vida. Johann Wolfgang von Goethe dijo: "Todo es difícil antes de ser fácil".

Mi amigo Ed Foreman dijo: "Los buenos hábitos son difíciles de formar pero fáciles de vivir".

Es difícil crear los hábitos de enfoque y concentración, pero una vez que los tienes, se vuelven automáticos y fáciles. De hecho, se vuelven más fáciles de practicar que los viejos malos hábitos de desviación y distracción.

Aristóteles dijo: "Somos lo que hacemos repetidamente". Casi 95 por ciento de lo que hacemos cada día es habitual, automático y, a menudo, irreflexivo. La clave es que *formes nuevos hábitos y los vuelvas automáticos.*

Afortunadamente, cualquier hábito se puede aprender con práctica y repetición cada día hasta que se vuelva tan natural como respirar.

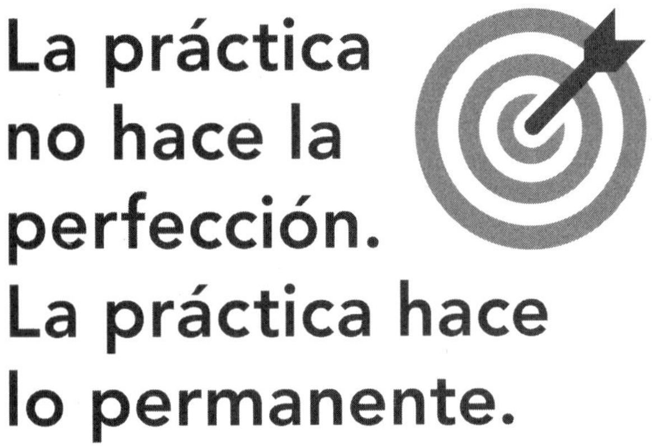

La atracción de la distracción

Hay un gran problema en el mundo del trabajo de hoy que está amenazando las carreras y el éxito de millones de personas: la tendencia a ser distraído continuamente por interrupciones electrónicas.

La invención de los celulares inició esta forma leve de "trastorno por déficit de atención", pero la invención de los smartphones, Facebook, Twitter, LinkedIn, YouTube y las millones de aplicaciones disponibles para todo el mundo en todas partes, a un bajo costo o gratis, están destruyendo la habilidad de las personas para concentrarse y completar sus tareas más importantes.

Adicto a la distracción

De acuerdo con los neurocientíficos, cada vez que reaccionas o respondes a un *ring*, *ding*, ruido o señal de un aparato electrónico, te animas con emoción y anticipación. Tu cerebro segrega una pequeña dosis de dopamina, que es el mismo químico que contiene la cocaína y otros estimulantes.

Como con cualquier droga, una vez que experimentas tu primera dosis de dopamina en la mañana cuando revisas tu *mail* o navegas en las redes sociales, rápidamente te vuelves adicto durante todo el día. Tus patrones de pensamiento y tu cerebro comienzan a cambiar. Caes en el hábito de verificar continuamente tu celular para ver si tienes mensajes, y si no hay ninguno, escribes a diversas personas para estimular una respuesta y para incentivar más dosis de dopamina.

Los resultados son todo

La palabra más importante para el éxito en los negocios y en la vida personal es *resultados*. Para obtener los resultados esperados de ti debes iniciar y finalizar el trabajo que es específico, medible y limitado en el tiempo. Debes *completar tu tarea.*

La terminación de tareas es indispensable para el éxito, y todo lo que interfiere con tu capacidad de iniciar y finalizar tus tareas mina tu potencial para el éxito.

La triste noticia es que millones de personas hoy en día no pueden trabajar por más de algunos minutos sin responder a interrupciones intelectuales de algún tipo.

Los hábitos básicos de gestión del tiempo, enfoque y concentración, requieren de práctica disciplinada y repetición al principio, pero después te permiten lograr mucho más que la mayoría de la gente que te rodea.

El proceso de gestión personal

Puedes incrementar significativamente tu productividad, rendimiento, resultados e ingresos cuando organizas tu vida y tu trabajo. A continuación te muestro cómo:

Paso uno

Ten total claridad de tus metas en cada área de tu vida. Piensa en papel. Organiza tus metas en términos de prioridades y sé claro sobre tu meta más importante en cada área y en cada momento de tu vida.

Paso dos

Elabora un plan general, una lista de comprobación a seguir en la realización de cualquier tarea o proyecto. Cada minuto invertido en la planeación te ahorrará diez minutos en la ejecución.

Practica la fórmula de las seis *P*: una *Preparación Previa Precisa Previene* una *Pobre Productividad.*

Realiza una lista de verificación para cada tarea o actividad necesaria que te ayude a completar tu meta, organizada por secuencia. Nunca inicies el trabajo hasta que te hayas tomado unos minutos para preparar esta lista. Esto te dará una guía a seguir.

Paso tres

Haz listas. Enlista todo lo que tienes que hacer para completar cada proyecto en el futuro. Cada mes, enlista las tareas que tienes que realizar ese mes. Elabora una lista cada semana, el fin de semana anterior.

Aún más importante: haz una lista cada día antes de comenzar tu trabajo. El mejor momento para hacer tu lista es la noche anterior, al final del día laboral. Pero sin importar qué suceda, tu principal tarea al iniciar el día es anotar en una lista todo lo que tienes que hacer.

Cuando surja algo nuevo, anótalo en la lista antes de que lo hagas, incluso si se trata de devolver una llamada o un correo. Una lista te da la *sensación de tener el control* de tu día. Conforme avanzas en tu lista, marcando cada elemento realizado, se genera una sensación de impulso que te estimula y motiva de una manera positiva.

Paso cuatro

Organiza tu lista por prioridades antes de comenzar a trabajar. Utiliza la regla 80/20. Esta regla dice que 20 por ciento de las cosas en tu lista representa 80 por ciento de los resultados de dicha lista. En ocasiones es la regla 90/10. Algunas veces una cosa de tu lista vale más que todas las demás juntas.

La competencia es siempre entre aquellas actividades que son "divertidas y fáciles" y aquellas que son "difíciles y necesarias". El dilema es: ¿cuál va a ganar?

La tendencia natural para la mayoría de las personas es procrastinar y retrasar justamente esas tareas y actividades que pueden tener las mayores consecuencias posibles para tu éxito y felicidad en el futuro.

Utiliza el método *ABCDE* para organizar tu lista antes de comenzar.

A. **Tengo que hacer.** Ésta es una tarea esencial que debes completar para tener éxito y para mantenerte en la cima de tu trabajo; no realizarla tiene severas consecuencias.
B. **Debería hacer.** Ésta es una tarea que debes hacer tarde o temprano, pero no es tan importante como las tareas de A. Sólo hay consecuencias leves para la no realización. La regla es que nunca deberías hacer tareas B cuando tengas una tarea A sin resolver.
C. **Agradable de hacer.** Esto es algo agradable y placentero, como platicar con un amigo, revisar tu correo o navegar en las redes sociales. Pueden ser agradables de hacer, pero estas actividades no tienen ninguna consecuencia en absoluto para tu vida. *Regla: si estás en las redes no estás trabajando.*
D. **Delegar.** Ésta es una actividad o tarea que puedes delegar a alguien más para hacer espacio a esas actividades que sólo tú puedes hacer. La regla es delegar todo lo posible para que tengas más tiempo de trabajar en tareas más importantes para tu carrera.

E. **Eliminar.** La regla es que nunca terminarás con tus tareas. No puedes buscar continuamente maneras de trabajar más eficientemente para hacer más cosas. La única forma de conseguir el control de tu tiempo y tu vida es dejar de hacer cosas. En este sentido, tal vez la mejor regla es: ¡di no!

De ahora en adelante, di no a cualquier tarea o actividad que no sea para el mejor aprovechamiento de tu tiempo.

Practica la procrastinación creativa. Esto significa que deliberadamente procrastinas esas actividades de bajo valor para tener más tiempo disponible de completar las tareas más importantes para tu carrera.

Cómo establecer prioridades

Existen tres preguntas que puedes hacer cuando estableces prioridades para tu trabajo:

1. Si sólo pudiera hacer una cosa todo el día, ¿cuál sería la tarea más valiosa que podría hacer en mi trabajo?

2. ¿Qué cosa puedo hacer que si la hago bien pueda hacer una diferencia real?

   Esto es algo que sólo tú puedes hacer. Si no lo haces, nadie lo hará por ti. Pero si lo haces y lo haces bien, puede hacer una diferencia positiva en tu carrera.
3. ¿Cuál es el uso más valioso de mi tiempo ahora mismo?

Hacer y responder estas preguntas es la clave para una excelente gestión del tiempo. Tu habilidad para elegir una tarea, la cosa más importante que podrías hacer en este momento, y luego tomar medidas en esa tarea, es la clave para el alto rendimiento, el éxito y el logro en la vida.

Practica concentrarte en una tarea a la vez

Una vez que has establecido tus prioridades utilizando el método antes mencionado, elige tu tarea número uno y comienza con ella en la mañana, antes que nada en tu lista.

Concentrarte en una tarea a la vez, la más importante, y continuar en ella hasta que esté cien por ciento completada, es quizá la técnica más poderosa de la gestión del tiempo. Requiere carácter, disciplina, fuerza de voluntad y tremenda determinación. Es la calidad o las características de todos los hombres y las mujeres de alto rendimiento.

Sigue trabajando

Todos los grandes logros en la vida son precedidos por un largo periodo de enfoque y concentración, a veces durante semanas, meses e incluso años, antes de que se logre el éxito. Cada gran logro fue precedido por cientos, incluso miles de pequeños esfuerzos y actividades que nadie nunca ve ni aprecia.

Henry Wadsworth Longfellow escribió:

> **“Las alturas alcanzadas y mantenidas por grandes hombres no fueron logradas por un vuelo repentino, sino que, mientras sus compañeros dormían, ellos se esforzaban por subir durante la noche.”**

En sus términos más simples, el éxito es el resultado de completar una tarea. En la vida no obtienes puntos o recompensas por completar una tarea parcialmente, incluso si la completas en un 95 por ciento. Tu reputación de gestión del tiempo, por iniciar y completar tareas importantes, pronto te convertirá en la persona clave a la que la gente acude.

Quizá la habilidad más importante para el éxito en el trabajo es la *confianza*. Las personas a tu alrededor tienen la certeza de que si te dan una tarea o responsabilidad, la completarás a tiempo, dentro del presupuesto y con un excelente nivel de calidad. Éste es el fin último y el beneficio de la claridad, el enfoque y la concentración. Es la clave para dar en el blanco de la vida.

“Todo es difícil antes de ser FÁCIL.”

– Johann Wolfgang von Goethe

METAS

- [x] ______________________________
- [x] ______________________________
- [ ] ______________________________
- [ ] ______________________________
- [ ] ______________________________

Capítulo 5

El poder de la excelencia

Sólo serás realmente exitoso y feliz cuando te vuelvas excelente en algo. ¿Qué será ese algo para ti?

Cuando comencé a estudiar el éxito personal, me sumergí en el mundo de la psicología de la autoestima. El principio básico es que tu autoestima, definida como cuánto te quieres, determina en gran medida todo lo que te sucede en la vida.

Quererte

Mientras más te quieras, más grandes serán tus metas y más tiempo persistirás. Mientras más te quieras, serás más sano y feliz —física, mental y emocionalmente—. Mientras más te quieras, más te agradarán los demás y los demás te querrán más. Mientras más te quieras, más energía tendrás y tu sistema inmune será más fuerte. Mientras más te quieras, cada parte de tu vida mejorará.

El otro lado de la moneda de la autoestima se llama autoeficacia. La autoeficacia, una parte importante de tu imagen personal y de tu autoestima, se define como qué tan competente crees que eres en lo que haces.

Qué tan bueno eres

Parece que la autoestima y la autoeficacia se refuerzan mutuamente. Cuanto más te quieras, mejor harás tu trabajo o cualquier otra cosa que intentes. Cuanto mejor hagas tu trabajo, más te querrás y respetarás. Cada uno alimenta al otro. Cada uno es autorreforzante. Cuanto mejor te vuelvas, lo harás mejor y te sentirás mejor.

Todo el mundo tiene la capacidad de ser excelente en algo y a menudo en varias cosas. Tu trabajo es descubrir cuál es *tu área de excelencia*, o cuál debería ser, y luego poner todo tu corazón en convertirte en un experto en esa área.

El 20 por ciento superior

Cuando tenía veinticuatro años y estaba luchando por mantenerme a flote, con agujeros en los zapatos y sin dinero en los bolsillos, me metí trabajar como vendedor con un sueldo estrictamente de comisiones, llamando de puerta en puerta. Si no hacía una venta no comía. Tuve dificultades durante varios meses. Entonces un día un gran vendedor me dio una estadística que cambió mi vida para siempre.

Dijo: "¿Sabías que 20 por ciento de los mejores vendedores ganan 80 por ciento del dinero en cada industria?".

Nunca había escuchado eso; inmediatamente decidí que si había 20 por ciento que ganaba la mayoría del dinero, yo quería estar en ese 20 por ciento. Esa decisión cambió mi vida.

Puedes hacerlo

Luego vino la desilusión y el desánimo. No me había graduado de preparatoria y había trabajado en empleos laborales durante varios años. Nunca había sido bueno en nada. Nunca saqué buenas calificaciones, y nunca fui elegido para jugar en ningún equipo en la escuela secundaria o preparatoria. Ni siquiera era muy bueno como vendedor de puerta en puerta.

Sin embargo, ahí estaba yo, con la gran noción de estar en el 20 por ciento superior de mi campo. Yo nunca había estado en el 20 por ciento de ninguna cosa.

Todo el mundo comienza desde abajo

Entonces aprendí algo que cambió mi vida y quitó mis sentimientos de desánimo y baja autoestima. Me enteré de que todo el mundo que está actualmente en el 20 por ciento superior comenzó en el 80 por ciento inferior.

A todos aquellos que les va bien alguna vez les fue mal. Todos los que están al frente de la fila comenzaron al final. Todos los que están en la cima de su carrera estaban, en un momento, en otro campo de trabajo o quizá ni sabían que existía.

Como dice T. Harv Eker: "Todo maestro fue alguna vez aprendiz".

Lo que significan los números

Una importante compañía de seguros estudió los ingresos de cinco mil de sus agentes para ver si aplicaba esta regla 80/20. Lo que descubrieron es que era verdad: el 20 por ciento superior de sus agentes ganaba 80 por ciento de las comisiones que pagaban cada año.

Pero cuando calcularon lo que esta diferencia significaba, se sorprendieron realmente. Descubrieron que el ingreso promedio de los agentes en el 20 por ciento superior era dieciséis veces el ingreso promedio de las personas en el 80 por ciento inferior. (Puedes hacer este cálculo tú solo.)

El 1 por ciento contra el 99 por ciento

Ha habido mucha controversia sobre el 1 por ciento contra el 99 por ciento. Algunas personas dicen que el 1 por ciento de los asalariados en la sociedad gana más que el otro 99 por ciento. Sin embargo, cuando estudias los números descubres que realmente es el 3 por ciento contra el 97 por ciento.

Es el 3 por ciento de las personas con metas claras y establecidas, y planes en los que trabajan diariamente el que eventualmente termina ganando más que el otro 97 por ciento junto.

Todavía mejor, es el 20 por ciento contra el 80 por ciento. En todas las áreas, el 20 por ciento superior termina ganando 80 por ciento del dinero y controlando 80 por ciento de la riqueza.

La verdadera pregunta

La verdadera pregunta no debería ser acerca de la distribución de la riqueza. La verdadera pregunta debería ser, dado que casi todos comienzan desde abajo, con limitada educación, habilidades o dinero, ¿cómo es que ciertas personas llegan a la cima y ganan diez o veinte veces la cantidad de la misma gente con la que empezaron, con el mismo nivel de inteligencia, educación, contactos y oportunidades?

De hecho, de acuerdo con un estudio de la Associated Press, el ingreso promedio de los CEO de Fortune 500 es 257 veces el ingreso promedio de las personas que trabajan en esas compañías. ¿Cómo es que estos altos ejecutivos, quienes comenzaron sus carreras con poco más de veinte años, llegaron al punto de ganar 275 veces más que algunas de las personas con las que comenzaron en la misma línea de partida?

La respuesta es simple

Los altos ejecutivos han invertido muchos años de trabajo duro en ser excelentes en las cosas más importantes que hacen y en lograr los resultados necesarios más importantes para sus compañías.

Lo que esto significa es que la desigualdad de ingresos es determinada por cada individuo. Tú decides la cantidad que ganas por tu trabajo a lo largo de tu carrera. La cantidad que ganas está determinada por las cosas que haces, mejorando tus habilidades continuamente y volviéndote mejor en esas tareas que te permiten obtener los resultados por los que la gente está dispuesta a pagarte.

Déficit de ingresos contra déficit de habilidades

El fallecido Gary S. Becker, economista de la Universidad de Chicago, ganador del Premio Nobel en 1992 afirmó que hay más bien un déficit de habilidades en Estados Unidos que un déficit de ingresos; aquellas personas con las habilidades más demandadas son siempre empleadas y bien pagadas, mientras que aquellos que carecen de las habilidades necesarias ganan mucho menos y están a menudo desempleados.

Hoy en día los jóvenes que se gradúan de la universidad con conocimientos de CTIM (ciencia, tecnología, ingeniería y matemáticas) están siendo arrebatados por las grandes compañías y a veces les ofrecen más de 100 000 dólares por su primer año. Los estudiantes que se gradúan de carreras de artes liberales se quedan por debajo con sueldos que comienzan en menos de la mitad de esa cantidad.

La clave para un alto ingreso

El doctor K. Anders Ericsson de la Universidad Estatal de Florida es la autoridad líder mundial en desempeño de élite. Sus veinticinco años de investigación sobre las trayectorias profesionales de ejecutivos altamente remunerados demuestra que todos ellos participan en un proceso que él llama *práctica deliberada*.

Lo que esto significa es que las personas con ingresos altos se centran en el desarrollo de una habilidad a la vez, clara y deliberadamente, a lo largo de sus carreras. El resultado neto de desarrollar y dominar una habilidad clave a la vez, y la combinación de estas habilidades clave con su repertorio de otras habilidades clave, fue lo que permitió que se hicieran más y más valiosos, con el tiempo ganando diez veces, veinte veces, cien veces, incluso 275 veces más que las mismas personas con las que comenzaron al principio de sus carreras.

Sin mejora

De acuerdo con Ericsson, las personas en el 80 por ciento inferior trabajarán durante su primer año de empleo para aprender su trabajo particular u oficio. Después de eso, se ralentizan, se nivelan y nunca mejoran. No leen ningún libro, no escuchan programas de audio ni toman cursos adicionales. Simplemente se estancan.

Después de diez años de trabajo no son más productivos de lo que eran el primer año. Sus salarios reflejan esta falta de productividad incrementada. Sus ingresos aumentan (siempre y cuando estén empleados) a un promedio de alrededor de 1 por ciento por año sobre la inflación.

Las personas con ingresos altos

La gente en el 20 por ciento superior, los que continúan aprendiendo, crecen y mejoran en sus trabajos y disfrutan de aumentos de ingresos que pueden promediar 11 por ciento al año. Si su ingreso sube 11 por ciento al año, se duplica cada 6.5 años.

A esta velocidad, una persona que comenzó con un salario de 50 000 dólares al año estaría ganando más de 400 000 dólares en veinte años. Como dice el dicho: "La fuerza más poderosa del universo es el interés compuesto".

Aumenta tu ingreso

Entonces, ¿cómo subirse a este tren de ingresos más y más altos a lo largo de tu vida laboral? La respuesta es tan simple, y confirmada por más de veinticinco años de investigación, que es realmente embarazoso.

Es esto: dar un paso a la vez. Mejorar una habilidad a la vez. Te vuelves excelente a lo largo de tu carrera al dominar esa habilidad que puede ser más beneficiosa para ti en ese momento.

Aquí está la pregunta clave que determina en gran medida tu éxito o fracaso, y tus ingresos, en tu carrera: ¿Qué habilidad, si la desarrollo y la realizo de manera excelente constantemente, tendría el mayor impacto positivo en mi carrera?

Utiliza tu varita mágica

Imagina de nuevo que pudieras agitar una varita mágica y que de la noche a la mañana te volvieras excelente en cualquier habilidad en tu área. ¿Qué habilidad, si fueras excelente en ella, te ayudaría más a duplicar tu ingreso? ¿Qué habilidad te permitiría obtener mejores resultados que cualquier otra cosa que pudieras aprender a hacer? ¿Qué habilidad aceleraría tu carrera más rápido que cualquier otra habilidad?

Para responder esta pregunta son necesarios nuestros tres amigos: *claridad*, *enfoque* y *concentración*.

Debes tener clara la habilidad que más te ayudará. Tienes que enfocarte al cien por ciento en desarrollar dicha habilidad. Debes concentrarte un promedio de dos horas diarias, cinco días a la semana, o incluso más, en el desarrollo de esa habilidad para llevarla al siguiente nivel. Si haces esto, tu futuro está prácticamente garantizado.

Analiza tu situación

Piensa en tu máximo propósito, tu meta más importante en la vida, y hazte esta pregunta: ¿Qué habilidad, si la desarrollo y la realizo de manera excelente, constantemente, me ayudaría más para lograr mi meta más importante?

Como dice el orador motivacional Les Brown: "Para lograr algo que nunca has podido lograr, es necesario convertirte en alguien que nunca has sido".

Podemos parafrasear eso diciendo: "Para lograr una meta que nunca has podido lograr, es necesario desarrollar una habilidad que nunca has tenido".

Desarrollar una habilidad

¿Cómo subirías una escalera? Un paso a la vez. Imagina que al subir una escalera tu mano izquierda y tu pie izquierdo son conocimiento y tu mano derecha y tu pie derecho son habilidad.

Para subir la escalera del éxito en tu carrera necesitas ambos pies y ambas manos. Necesitas desarrollar conocimiento con un lado y habilidad con el otro.

Cada peldaño en la escala del desarrollo de la habilidad aumenta tu *capacidad de ganancia*, tu valor para tu organización y la cantidad de dinero que te pagarán para obtener resultados.

Si continúas desarrollando nuevas habilidades, una a la vez, sigues siendo más valioso, y tu empresa o alguna otra empresa estarán dispuestas a pagarte por obtener los resultados que puedes lograr para ellas.

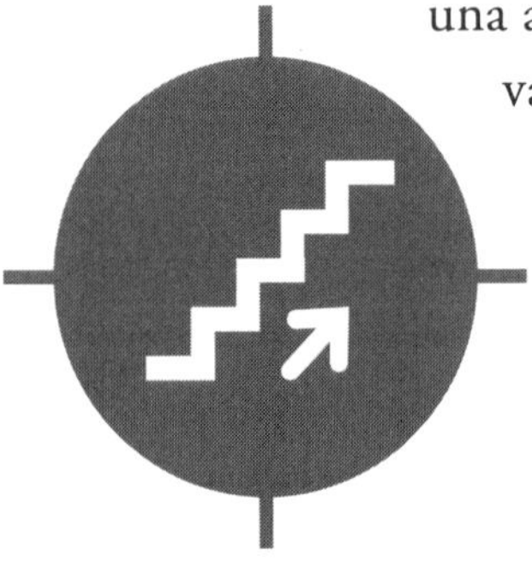

Continúa aprendiendo y creciendo

Una vez que has dominado esa habilidad que identificaste, ¿qué sigue? Sencillo: te vuelves a hacer la pregunta: ¿Qué habilidad me ayudaría más a crecer más rápido en mi carrera?

Una vez que decidas la habilidad más importante que puedes desarrollar, conviértela en una meta con un plan. Escríbela claramente, debe ser *personal*, *positiva*, en tiempo *presente* y con una fecha límite.

Por ejemplo, puedes escribir: "Soy excelente en esta habilidad para esta fecha".

Haz un plan para la excelencia

Luego elabora una lista de todo lo que puedes hacer para aprender y practicar con el fin de desarrollar esa habilidad. Organiza la lista en un plan por secuencia y prioridad. Ponte en acción inmediatamente haciendo algo todos los días para desarrollar esta habilidad.

Sorprendentemente, mientras te enfocas en el desarrollo de esta habilidad que te ayudará más en este momento, comenzarás a mejorar en tus otras habilidades. Cuando decides convertirte en un aprendiz de por vida, automáticamente comienzas a aprender y mejorar en otras áreas, casi por ósmosis.

Mejora continua

La clave para el aprendizaje de por vida es practicar la Mejora Continua Sin Fin.

Nunca dejes de mejorar. Busca constantemente nuevas formas de optimizar tu eficiencia y eficacia. Nutre tu mente con nuevas ideas, métodos y técnicas. Aprende nuevas habilidades como si tu carrera dependiera de eso, porque así es.

- Mejora
- Continua
- Sin
- Fin

Todas las habilidades se pueden aprender

Éstos son dos puntos finales en tu desarrollo de la excelencia. Primero, *todas las habilidades se pueden aprender*. Puedes adquirir conocimientos sobre cualquier habilidad que necesites aprender para avanzar en tu carrera. No hay límites.

Segundo, podrías estar a una habilidad de distancia de duplicar tu productividad, rendimiento, potencial, resultados e ingresos. Algunas veces una sola habilidad, agregada a tu caja de herramientas de habilidades puede permitirte alcanzar resultados extraordinarios, mucho más allá de lo que imaginas. ¿Qué podría ser?

Sólo serás
realmente
EXITOSO y FELIZ
cuando
te vuelvas
excelente
en algo.

Capítulo 6

El poder de las personas

Tu éxito estará determinado en gran medida por la gente que conoces y la gente que te conoce de una manera positiva. La fórmula es CR × CR = CV. (La calidad de tus relaciones multiplicada por la cantidad de tus relaciones es igual a la calidad de tu vida.)

A estas alturas tienes claros tus valores, propósito, misión, metas y prioridades. Ahora es momento de que hagas una lista de todas las personas cuya ayuda y cooperación necesitarás para alcanzar tu meta.

Haz una lista

Comienza con tu familia y amigos. Incluye a tu jefe y compañeros de trabajo. Piensa en colegas externos, tu banco, tus proveedores y otras personas que puedan ser de ayuda. Piensa en papel.

¿Cómo puedes responder al canal de radio favorito de cada persona? Esto es QHPM o ¿Qué Hay Para mí?

Si estás en ventas, eres emprendedor o estás en un negocio de cualquier tipo, puedes preguntar QHPMC, que se refiere a ¿Qué Hay Para Mi Cliente?

Hoy en día, debido a la increíble competencia para los clientes y la limitada atención que los clientes pueden prestar a ti y a tu mensaje, tienes que practicar "dar para obtener".

Te debes convertir en un "dador" más que en un "recolector".

Da antes de quitar

Hay dos tipos de personas en nuestra sociedad, especialmente en aquellas áreas donde el dinero, el estatus, la fama y el éxito importan. Hay personas que ven a los demás como herramientas que pueden manipular, personas de las que pueden obtener algo a su favor.

La otra forma de ver a las personas es como individuos únicos con necesidades, deseos y personalidades que los hacen valiosos en su propio derecho.

El primer tipo de personas, cuando conocen o escuchan por primera vez de alguien nuevo, preguntan: "¿Qué puedo obtener de esta persona?".

Piensa igual que las personas exitosas

Las personas exitosas tienen una actitud diferente. Se preguntan: "¿Qué puedo dar a esta persona que necesite, quiera y aprecie, para que pueda ser el comienzo de una relación positiva?".

Parece que en cada momento decisivo de tu vida una persona estará ahí. Cuando hagas una revisión de tu vida, comenzando por la adolescencia, notarás que aquellos individuos de los que quizá te hayas olvidado tuvieron un gran impacto en la persona que eres hoy en día y en todo lo que has logrado.

Mantente conectado

Regresando a la ley de la probabilidad, de la que hablábamos previamente, una de las cosas más productivas que puedes hacer es relacionarte con tantas personas como te sea posible a lo largo de tu carrera y tu vida.

El 80 por ciento inferior de las personas en nuestra sociedad, aquellas cuyo ingreso se ha congelado, sufren inestabilidad en su trabajo y están frustradas con su vida y suelen ir a casa cada noche y ver la televisión o socializar con sus amigos.

El 20 por ciento superior, por el contrario, busca continuamente oportunidades para relacionarse e interactuar con otras personas a las que podrían ayudar y quienes podrían ayudarlos a cambio.

Una persona puede hacer la diferencia

Hace algunos años estaba impartiendo un seminario para una compañía americana. Mi plática fue en la mañana. El orador anterior decidió quedarse una noche más para conocerme y escuchar mi plática.

En ese entonces yo tenía un dolor en el tobillo izquierdo que me hacía cojear un poco. Él lo notó y me preguntó al respecto, luego volvió a su habitación y me trajo un frasco de pastillas especialmente formuladas para este tipo de dolor en las articulaciones. Era su suministro personal, pero me las entregó y me deseó suerte.

Muestra interés en los demás

Como reflejo, le pregunté: "¿Cómo va todo en tu carrera?".

Comenzamos a platicar, y resultó que su mayor preocupación en ese momento era una inversión en bienes raíces que había realizado en Massachusetts, justo en las afueras de Boston. Estaba rebasado y no sabía cómo liberarse de esa carga.

Estábamos en Fort Lauderdale, Florida. Algunos años antes yo había trabajado con un empresario de bienes raíces de Boston, quien ahora vivía en Coral Gables. Tomé mi teléfono, lo llamé y le expliqué la situación.

A una llamada de distancia

Como era de esperarse, mi amigo estaba familiarizado con el desarrollo de bienes raíces en el que este conferencista estaba involucrado. Realizó un par de llamadas y puso a mi nuevo amigo en contacto con un desarrollador que estaba trabajando en tierras adyacentes a estas tierras en Massachusetts. Descubrí después que durante los siguientes nueve meses fueron capaces de refinanciar la tierra, venderla y liberar el estrés financiero de mi amigo orador.

Nunca sabes

Cuando volví a pensar en esa situación, me sorprendió cómo había funcionado este pequeño acto de redes. El orador me trajo un pequeño frasco de pastillas para mi tobillo, y yo me enteré de su problema y fui capaz de ponerlo en contacto exactamente con la persona adecuada que lo podía ayudar a salvar su vida financiera.

El punto es que nunca sabes cómo o cuándo alguien te puede ayudar, y ellos tampoco saben cómo y cuándo tú podrías ayudarlos. Debes simplemente usar la ley de probabilidad y seguir expandiendo tus redes tan lejos como puedas. Como dicen en la pesca: arroja una red amplia.

Inscríbete

Únete a los clubes y asociaciones de negocios locales. Asiste regularmente. Involúcrate. Conoce gente nueva. Pero en lugar de buscar qué pueden hacer por ti, busca algo que puedas hacer por ellos.

Cuando conoces a alguien nuevo, en lugar de hablar de ti y poner tu tarjeta de presentación en su mano, pregúntales sobre ellos y qué tipo de trabajo están haciendo. Especialmente, pregúntales lo que necesitarías saber para enviarles un nuevo cliente.

Ayúdalos primero

El mejor modo de construir amistades y contactos en los negocios es buscar maneras de ayudar a los demás a mejorar sus ventas y rentabilidad. A menudo te sorprenderás de cómo el contacto más casual que tengas con la oferta de un favor o ayuda puede llegar a un punto de inflexión importante en tu vida o tu negocio.

Cuando conozcas a una persona nueva, haz que sea un hábito responder de inmediato a esa persona de alguna manera. Envíale un *mail* diciéndole cuánto te gustó conocerlo y que esperas verlo nuevamente. Adjunta un artículo o alguna información a tu *mail* que pueda ser útil para la otra persona. Incluso mejor, envía una tarjeta de agradecimiento escrita a mano al nuevo conocido diciéndole cuánto te gustó conocerlo.

Las cosas grandes crecen de semillas pequeñas

Hace muchos años leí un artículo escrito por el presidente de una gran compañía en el que hablaba de un asunto en el cual tenía especial interés. De inmediato me senté y le escribí una carta a ese director, donde le decía que estaba de acuerdo con sus recomendaciones en el artículo y expresando la esperanza de que algún día nuestros caminos se cruzaran cuando estuviera en su lado del país.

Alrededor de tres años después estaba en una gran convención nacional y me encontré con ese señor. Aún se acordaba de mí por mi carta. Comenzamos a platicar, comimos y cenamos juntos. Ese encuentro por casualidad fue el inicio de una de las amistades más cercanas y mejores de mi vida, por más de veinticinco años y hasta el momento.

El principio de éxito

Uno de mis principios de éxito favoritos es: "Mientras más des de ti mismo sin esperar nada a cambio, más cosas vendrán a ti de las fuentes menos esperadas".

Cuando realizas un acto de bondad o un favor a alguien más es probable que no vuelvas a ver a esa persona, pero a través de una especie de milagro del universo, alguien aparecerá para realizar un acto de bondad o un favor para ti, justamente en el momento que más lo necesites.

La Biblia dice: "Lo que siembres será lo que coseches".

Cuando siembras semillas de amabilidad, cordialidad, bondad y generosidad, estás haciendo tu parte. No debes preocuparte de dónde vendrán tus beneficios o rendimientos. Tu trabajo es encargarte de la siembra. La naturaleza y el dios de la naturaleza se encargarán de la cosecha.

Haz que las personas se sientan importantes

Mary Kay Ash, la fundadora de Mary Kay Cosmetics, una de las empresas de *marketing* de red más exitosas del mundo, fue famosa por decir que deberíamos imaginar que cada persona que conocemos tiene un letrero alrededor de su cuello que dice: "Hazme sentir importante".

Éste es el secreto para tener relaciones excelentes con los demás.

Nueve grandes comportamientos

Existen nueve comportamientos que puedes practicar con cada persona nueva que conozcas y con la gente en tu vida. Cuando pongas en práctica estos comportamientos te sorprenderás de cómo la calidad de tu vida mejora.

1. **Nunca critiques, condenes o te quejes de las personas o de su comportamiento.** Incluso si no estás de acuerdo, guárdate tus opiniones. Como cantaba Frank Sinatra: "Si no puedes decir algo agradable, es mejor que no digas nada, es mi consejo".

   La mayoría de las conversaciones de las personas tienden a ser negativas. Se quejan de una infinidad de cosas en su vida. Sentencian a las personas y a las situaciones por causarles problemas y preocupaciones. Critican a todos a su alrededor con los que no están de acuerdo. Desarrollan actitudes personales genuinamente negativas.

   No te les unas. Si una persona habla de forma negativa, no necesitas sumarte. Simplemente escucha callado y luego sigue tu camino. No arrojes leña al fuego.

2. **Sé agradable.** Las personas más populares en todos lados son personas que son genuinamente agradables y amistosas, sin importar lo que suceda. Incluso si no están de acuerdo contigo, no lo expresan. En su lugar, pueden hacer preguntas para intentar entender tu postura, pero generalmente son alegres la mayoría del tiempo.

   Con frecuencia habrá situaciones en las que tengas discusiones o desacuerdos con las otras personas. Pero en la mayoría de los casos estas discusiones o desacuerdos no son importantes. Pregúntate: "¿Qué es lo importante?".

   Si no es realmente importante, simplemente déjalo ir. Sé alegre, abierto y amistoso. Sé el tipo de persona positiva con quien los demás quieran estar.

3. **Practica la aceptación.** Cada persona tiene una necesidad profunda de ser incondicionalmente aceptada por las demás personas en su vida. Cuando satisfaces esta necesidad al practicar la aceptación con cada persona que conoces, mejoras su autoimagen, incrementas su autoestima, los haces sentir mejor con ellos mismos y haces que te quieran y respeten más.

   ¿Y cómo muestras aceptación? Sencillo: simplemente sonríe. Cada vez que le sonríes a otra persona la llenas de aceptación y la valoras. Cuando le sonríes a una persona la haces sentir atractiva e importante. Aumenta su autoestima. Para ello sólo necesitas una sonrisa.

4. **Expresa apreciación.** Una de las maneras más poderosas de hacer sentir importante a una persona e incrementar su autoestima es apreciarla por las cosas que hace.

   ¿Y cómo expresas apreciación? Sencillo: simplemente di gracias. Di gracias a todas las personas con las que vives o trabajas por todo lo que hacen, ya sea pequeño o grande.

   Cada vez que agradeces a una persona se siente bien consigo misma, y como resultado, se siente bien contigo. Además, quiere hacer más de esas cosas por las cuales le agradeces, para provocar tu respuesta y los sentimientos positivos que conlleva.

5. **Expresa admiración.** Abraham Lincoln dijo: "A todo el mundo le gusta un cumplido".

   Busca cosas que admirar y de las cuales hacer un cumplido a los demás. Hazles un cumplido por su ropa, sus atributos y su peinado. Hazles un cumplido por su casa, su coche y sus bienes materiales. Hazles un cumplido por sus logros y el aspecto de sus oficinas o espacio de trabajo.

Cada vez que le haces un cumplido a alguien lo haces sentir más valioso e importante. Como resultado, le agradas más y es más propenso a cooperar contigo. Y siempre puedes encontrar algo que te guste de la otra persona o de sus cosas o logros.

6. **Expresa aprobación.** El elogio y la aprobación satisfacen una de las necesidades más profundas de la naturaleza humana: la necesidad de sentirse valioso. Cada vez que elogias a alguien por algo su autoestima se incrementa de inmediato. Se sienten mejor consigo mismos. Te aprecian y respetan más.

   Elogia a las personas por sus pequeños y grandes logros. Elogia constantemente a las personas cada vez que hagan algo positivo o productivo frente a ti.

   Una de las maneras más poderosas para motivar a los empleados o a los niños es elogiarlos constantemente cuando hacen algo bien. Al mismo tiempo, no los critiques ni te quejes cuando cometan un error.

7. **Presta atención.** Una de las maneras más poderosas de hacer que las personas se sientan valiosas e importantes es escucharlas con atención cuando hablan. Míralas directamente, inclínate levemente hacia delante y escucha cada una de sus palabras.

   Imagina que tus ojos son lámparas de sol y quieres que la otra persona se broncee. Baña toda su cara, especialmente su boca y sus labios con el calor de tus ojos.

   En la escucha efectiva debes atender sin interrumpir y sin hacer intentos de interrumpir. Haz una pausa antes de responder para demostrar que estás considerando cuidadosamente lo que la persona acaba de decir.
8. **Pregunta para clarificar.** Pregunta: "¿A qué te refieres?", si existe la posibilidad de un malentendido. Recuerda que la persona que hace las preguntas tiene el control. Mientras más preguntas hagas y escuches atentamente las respuestas, la otra persona te querrá más, confiará en ti y se sentirá cómoda en tu presencia.
9. **Finalmente, en la conversación, retroalimenta lo que la otra persona acaba de decir en tus propias palabras.** Ésta es la verdadera prueba de la escucha. Cuando puedes parafrasear sus comentarios con tus propias palabras

demuestras a la persona que realmente estabas poniendo atención. Cuando vas por la vida buscando maneras de ampliar tus contactos, viendo formas de ayudar a los demás antes de pedirles su ayuda y haciendo que las personas se sientan importantes, se alinearán para ayudarte a alcanzar tus metas y dar en el blanco.

La fórmula es
CR × CR = CV

la CALIDAD de
tus RELACIONES
multiplicada por
la CANTIDAD de
tus RELACIONES
es igual a
la CALIDAD
de tu VIDA

Capítulo 7

El poder de la persistencia

Tu habilidad y deseo de persistir ante los contratiempos y la adversidad es el garante más importante de tu éxito final.

Cuando estableces metas altas, la única cosa de la que puedes estar seguro es de que inmediatamente te toparás con tormentas y vientos en contra. A menudo, inmediatamente después de fijar una meta grande, tu vida entrará en un periodo de turbulencia y una serie de contratiempos y dificultades inesperadas ocurrirán. Todo esto es de esperarse.

Establece una gran meta

Uno de mis estudiantes estableció una meta en mi seminario de duplicar su ingreso en seis meses. Cuando fue a trabajar el lunes, le anunciaron que la empresa iba a cerrar y que había perdido su trabajo, como todos los demás.

Se dijo: "¡Esto es estupendo! Establecí una meta de duplicar mi ingreso y ahora estoy despedido".

Más tarde esa semana su esposa estaba de compras y se encontró con una vieja amiga de la escuela. Mientras platicaban, la amiga dijo que su esposo acababa de empezar un negocio y estaba buscando a un gran vendedor para comercializar su producto. La esposa del señor de mi seminario dijo que su esposo era excelente en ventas y justo estaba disponible. ¿Podrían establecer una reunión?

Una bendición disfrazada

La conclusión fue que este hombre acudió a la entrevista ese viernes y obtuvo el trabajo. Comenzó a trabajar el siguiente lunes. El producto era excelente, la compañía era exitosa, y al cabo de dos meses estaba ganando el doble de lo que jamás había ganado en su vida.

En retrospectiva se dio cuenta de que si no hubiera perdido su empleo anterior nunca habría estado disponible para tomar un trabajo donde alcanzó realmente su meta. Este tipo de cosas te pasarán a ti también.

Recupérate de la adversidad

Una de las medidas de tu carácter es qué tan bien respondes a la adversidad, cuán flexible eres y con qué rapidez te recuperas de las dificultades inesperadas.

Napoleon Hill dijo: "La persistencia es al carácter del hombre como el carbón al acero".

Nunca sabes realmente de lo que estás hecho en el fondo hasta que te enfrentas con problemas insuperables. Pero la buena noticia es que la naturaleza nunca te envía un problema demasiado grande como para que no lo puedas resolver.

No existe el fracaso, sólo retroalimentación.

Desarrollo del carácter

Existen técnicas poderosas y probadas que puedes incorporar en tu cosmovisión para hacer frente a los fracasos inevitables a corto plazo y las dificultades que experimentarás:

1. **Mantén la calma.** Respira profundo y relájate. Cuando te sientes emocional o molesto, tu neocórtex, tu cerebro pensante donde razonas y decides, se apaga.

   Cuando estás enojado o preocupado recaes en tu amígdala, tu cerebro animal responsable de la reacción de lucha o huida. En ese estado es más probable que tomes malas decisiones y elecciones erróneas y que digas o hagas las cosas incorrectas. Mejor mantén la calma.

2. **Obtén los hechos.** Ninguna situación es tan mala como parece al principio. Incluso si lo es, asegúrate de tener los hechos antes de responder. Haz preguntas. ¿Qué pasó exactamente? ¿Cómo pasó exactamente? ¿Quién estuvo involucrado? ¿Cómo podemos estar seguros?

   Por lo general verás que estás mal informado. Escuchaste hablar de algo que resultó no ser cierto o sólo fue parcialmente cierto.

   Mientras más preguntas hagas, como lo hacen las personas de éxito, será más fácil que mantengas la calma y estés en completo control de tus emociones y pensamientos. Es muy difícil hacer preguntas y molestarse al mismo tiempo.

3. **Busca lo bueno en cada situación.** Algunos de tus mayores éxitos en la vida al principio parecen ser retrocesos o problemas que podrían haberte causado una gran cantidad de estrés y ansiedad.

   Cuando mires en retrospectiva la experiencia de tu vida verás que perder un trabajo o una relación, o incluso ir a la quiebra en un negocio, contenía aprendizajes e ideas valiosas que te permitieron tener éxito y ser feliz más adelante en la vida.

Siempre hay algo bueno

Después de entrevistar a quinientas de las personas más exitosas en la historia contemporánea durante un periodo de veintidós años, Napoleon Hill llegó a esta conclusión: "Cada adversidad, cada fracaso, cada dolor lleva en sí la semilla de un beneficio igual o mayor".

Tu trabajo es encontrarlo. Cada vez que W. Clement Stone tenía un problema, inmediatamente lo neutralizaba diciendo: "¡Eso es bueno!". Luego, él y la gente a su alrededor se ponían a trabajar para encontrar algo bueno en el contratiempo o la dificultad que había ocurrido.

Te comparto un maravilloso descubrimiento: si buscas lo bueno en cualquier situación, siempre encontrarás algo bueno. A veces el bien que encuentres tendrá muchos más beneficios o ventajas que cualquier cosa que podrías haber perdido.

4. **Busca la valiosa lección en cada dificultad o fracaso temporal.** Éste es uno de los mejores secretos para el éxito. Las dificultades se presentan no para obstaculizar sino para instruir.

Desarrolla el hábito de lidiar con cada problema con la completa confianza de que contiene una lección valiosa que puedes usar para ser más exitoso en el futuro.

Tu problema más grande

¿Cuál es el problema más grande en tu vida hoy? Todo el mundo tiene una serie de problemas con los cuales lidiar, pero todo el mundo también tiene un gran problema que le causa más angustia, preocupación o frustración que cualquier otro. ¿Cuál es el tuyo?

Ahora imagina que este problema te fue enviado como un regalo para enseñarte una valiosa lección que necesitas aprender para ser más feliz y más exitoso en el futuro.

Busca el regalo

Norman Vincent Peale dijo: "Cuando Dios quiere enviarte un regalo, lo envuelve en un problema. Mientras más grande es el regalo que Dios te envía, más grande es el problema".

¿Cuál es el regalo —la valiosa lección envuelta en tu problema o dificultad más grande— que tienes hoy en día? Maravillosamente, si buscas el regalo o la valiosa lección, siempre la encontrarás.

De hecho, si la dificultad o problema es lo suficientemente grande o duradero, puede contener varios regalos. Y mientras más examines el problema y busques los regalos, más regalos descubrirás.

Aprende de tus errores

Pasé por una difícil situación empresarial hace algunos años. Había perdido una buena cantidad de dinero y pasé muchas noches sin dormir. Me senté frente a una hoja de papel. En la parte superior de la hoja escribí: ¿Qué lecciones he aprendido de esta situación?

Entonces me hice el hábito de escribir veinte lecciones diferentes que había aprendido de ese importante problema de negocios. Esas lecciones sirvieron para ayudarme y guiarme en innumerables situaciones de negocios en los meses y años venideros.

Esas lecciones me ayudaron a tomar buenas decisiones y a recuperar todas mis pérdidas.

No hay nada malo en cometer errores en la vida. Son inevitables. Lo único malo es no aprender de ellos. Quieres extraer cada pedacito posible de intuición y conocimiento para no cometer los mismos errores otra vez.

1. **Acepta la responsabilidad del problema, sea lo que sea.** No caigas en la "trampa del perdedor" de agitar y culpar a todo el mundo y todo por algo que ha sucedido. En vez de eso, simplemente di: "Soy responsable".

   Incluso si no eres responsable de lo que sucedió, eres responsable de la forma en que respondes a lo que sucedió. Al aceptar la responsabilidad y negarse a culpar a alguien o a algo por lo que ha sucedido, permaneces tranquilo y positivo. Tu mente funciona de la mejor manera posible para ayudarte a resolver el problema o la dificultad.
2. **Enfócate en la resolución de problemas.** Una de las características de las personas exitosas es que piensan en soluciones la mayor parte del tiempo. Reconocen que la vida será una interminable sucesión de problemas, como olas del mar que nunca paran. Por lo tanto, deciden

no alterarse ni seguir molestas por problemas. En cambio, buscan y se centran en soluciones. Constantemente piensan en términos de acciones que pueden llevar a cabo para resolver el problema, quitar el obstáculo del camino y moverse de nuevo.

3. **Preprograma tu mente.** Una de las lecciones más importantes que he aprendido es que tienes la habilidad de preprogramar tu mente para responder de cierto modo cuando surja la situación.

   Por ejemplo, puedes decidir por adelantado que, sin importar lo que pase, nunca te darás por vencido. Probarás diferentes cosas, pero nunca te detendrás hasta que finalmente logres tu objetivo.

Como un despertador

Una vez que te hayas programado de esta manera y te enfrentes a la adversidad o el fracaso de cualquier tipo, reaccionarás automáticamente como un despertador que se apaga y te encontrarás recuperándote del choque inicial y la decepción. Automáticamente te sentirás resistente y positivo. En última instancia, serás *imparable.*

Hay un poderoso método de resolución de problemas y toma de decisiones utilizado en los niveles más altos de negocios y del gobierno. Es tanto simple como poderoso.

Primero, define claramente el problema. El 50 por ciento de los problemas se pueden resolver inmediatamente si logras definirlos claramente en primer lugar.

Luego pregunta: "¿Qué más es el problema?".

Ten cuidado con cualquier problema para el que sólo haya una definición. Cuantas más maneras tengas para definir un problema particular, más probable es que encuentres la definición correcta que conduzca a la solución correcta.

Una vez que decidas cuál es el problema, pregunta: "¿Cuál es la solución?"

Otra vez, ten cuidado con cualquier problema para el que sólo haya una solución. Una vez que has desarrollado una solución, pregunta: "¿Qué más es la solución?"

Hay una relación directa entre el número de posibles soluciones que generes y consideres y la calidad de la solución que elijas en última instancia para implementar. La cantidad de soluciones llevan a la calidad de la toma de decisiones.

El peor resultado posible

Una de las maneras de minimizar o eliminar la preocupación asociada con el problema o la dificultad y recuperar la calma y claridad es que llenes el "informe de desastre".

Primero, define claramente el problema, preferiblemente por escrito. El acto de escribir una definición clara del problema dramáticamente aclara tu pensamiento y hace que el problema sea más favorable a una solución.

Segundo, pregunta: "¿Cuál es el peor resultado posible para este problema?" ¿Qué es lo peor que puede pasar? Entonces, sé abierto y honesto y trata directamente con lo peor que podría suceder en esta situación problemática.

Tercero, resuelve aceptar lo peor, si es que sucede.

A estas alturas, una cosa asombrosa te sucede. Una vez que has definido el peor resultado posible, y has resuelto aceptar esto, en caso de que ocurra, tu preocupación desaparece. Toda tu tensión y estrés desaparecen. Una vez más te sientes en calma y en completo control.

Cuarto, comienza de inmediato a mejorar en lo peor. Comienza de inmediato a hacer todo lo que esté en tus manos para asegurarte de que el peor resultado no ocurra.

Este método de cuatro pasos es maravilloso. Lo puedes usar cuando enfrentes cualquier dificultad o problema en cualquier área de tu vida. Define claramente el problema, determina el peor resultado posible, resuelve aceptar lo peor, en caso de que ocurra, y luego ocúpate de mejorar lo peor para cerciorarte de que no suceda.

Elimina la preocupación y el estrés

Finalmente, para eliminar la preocupación y desarrollar persistencia, ocúpate de trabajar en tu meta para que no tengas tiempo de preocuparte por tus problemas o dificultades. La única cura real para la preocupación es la persistencia, la acción continua en la dirección de tu meta más importante.

Para que des en el blanco de tu vida, debes tener claro cuáles son tus metas. Debes tener planes de actividad en los que trabajes todos los días. Debes enfocarte y concentrarte en las cosas más importantes que puedes hacer para alcanzar tus metas más importantes. Debes decidirte a persistir hasta que tengas éxito. Debes tomar la decisión por adelantado de que, sin importar qué suceda, nunca te darás por vencido.

Si haces estas cosas, una y otra vez, desarrollarás el hábito del alto rendimiento de por vida. Lograrás más en los próximos meses de lo que muchas personas logran en varios años. ¡Buena suerte!

¡ADELANTE!

Logra todas
las cosas
maravillosas
que son
POSIBLES.

Sobre el autor

Brian Tracy

Brian Tracy es el presidente de Brian Tracy International, una empresa de desarrollo de recursos humanos con sede en Solana Beach, California. Ha escrito 70 libros y producido más de 800 programas de formación de audio y video. Sus materiales han sido traducidos a 42 idiomas y son utilizados en 64 países. Es activo en asuntos comunitarios y sirve como consultor para varias organizaciones sin fines de lucro.

Actualmente es uno de los mejores oradores profesionales y formadores en el mundo. Se dirige a más de 250 000 hombres y mujeres cada año sobre temas de liderazgo, estrategia, ventas, realización personal y éxito empresarial. Ha impartido más de 5 000 conferencias y seminarios para cinco millones de personas en todo el mundo, con una mezcla única de humor, perspicacia, información e inspiración para sus audiencias.

Vive con su esposa, Bárbara, y sus cuatro hijos en Solana Beach, California. Es un ávido estudiante de negocios, psicología, gestión, ventas, historia, economía, política, metafísica y religión. Cree que cada persona tiene un extraordinario potencial sin explotar al que puede aprender a acceder y, al hacerlo, lograr más dentro de unos años de lo que una persona promedio logra en toda su vida.